Impressum
Steinparzer GmbH
Blumau 36
4443 Maria Neustift
Mitglied bei: WKO OÖ
Kontakt bei inhaltlichen Fragen
michaelsteinparzer@gmail.com

www.ingramcontent.com/pod-product-compliance
Lightning Source LLC
Chambersburg PA
CBHW081737220526
45468CB00008B/2143
* 9 7 8 1 7 9 9 0 0 1 1 7 1 *